AF284842

Impressum
Verlag: BABADADA GmbH, Nedderfeld 112 , 22529 Hamburg
Geschäftsführer / Verlagsleitung: Harald Hof
Druck: Books on Demand GmbH, In de Tarpen 42, 22848 Norderstedt

Imprint
Publisher: BABADADA GmbH, Nedderfeld 112 , 22529 Hamburg, Germany
Managing Director / Publishing direction: Harald Hof
Print: Books on Demand GmbH, In de Tarpen 42, 22848 Norderstedt

colegio
sekolo

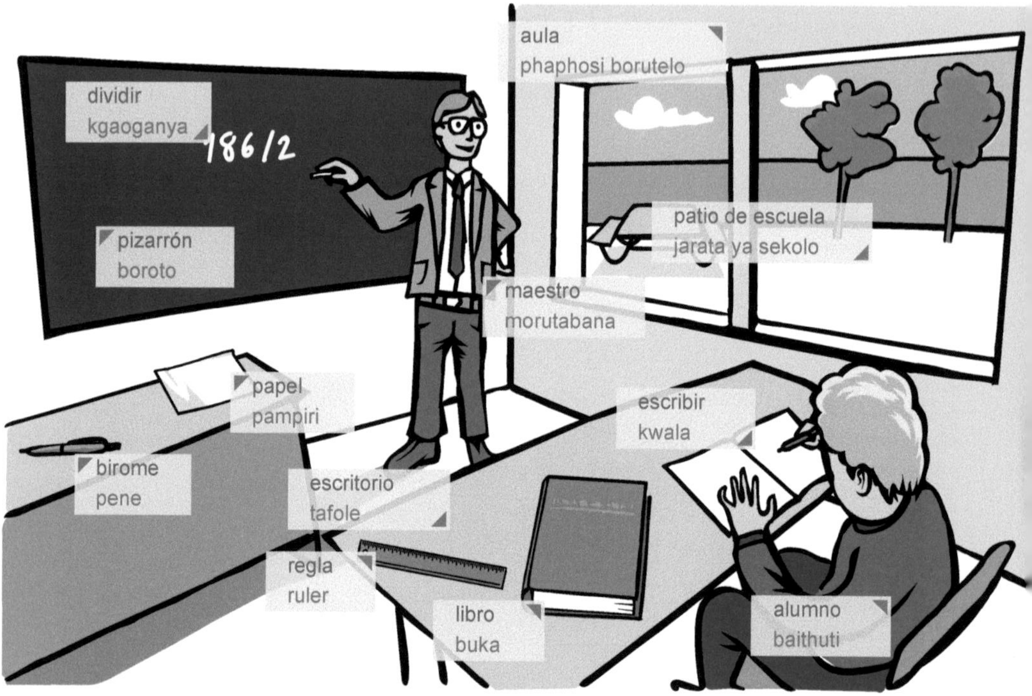
aula
phaphosi borutelo
dividir
kgaoganya
186/2
pizarrón
boroto
patio de escuela
jarata ya sekolo
maestro
morutabana
papel
pampiri
escribir
kwala
birome
pene
escritorio
tafole
regla
ruler
libro
buka
alumno
baithuti

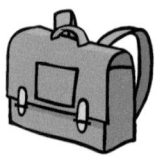

mochila
kgetsana ya dibuka

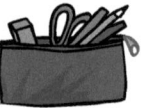

caja de lápices
setsenya dipensele

lápiz
pensele

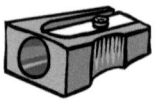

sacapuntas
seseta pensele

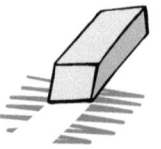

goma (de borrar)
sephimola

bloc de dibujo
boto ya go torowa

dibujo

torowa

pincel

boratšhe jwa pente

caja de pinturas

bokose ya pente

tijera

dikere

pegamento

sekgomaretsi

cuaderno de ejercicios

buka ya go kwalela

tarea

tirogae

número

palo

sumar

tlhakanya

restar

kgaoganya

multiplicar

atisa

calcular

khalkhuleitara

letra

lekwalo

abecedario

alfabete

palabra

lefoko

texto

mafoko

leer

bala

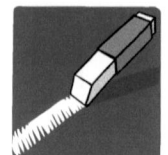

tiza

choko

lección

thuto

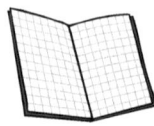

cuaderno de clase

rejistara

examen

tlhatlhobo

certificado

setifikeiti

uniforme escolar

diaparo tsa sekolo

educación

thuto

enciclopedia

encyclopedia

universidad

unibesithi

microscopio

mikoroskoupo

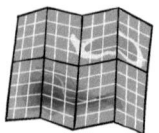

mapa

mmepe

tacho (de basura)

moteme wa dipampiri

hotel
hotele

Grand

hostel
hosetele

ROOMS

casa de cambio
kantoro ya go fetola madi

EXCHANGE

valija
sutukeisi

auto
sejanaga

idioma
....
puo

sí / no
....
ee / nnyaa

Está bien
....
Go siame

hola
....
dumela

traductor
....
moranodi

Gracias
....
Ke a leboga

¿cuánto cuesta…?

ke bokae…?

No entiendo

ga ke tlhaloganye

problema

bothata

¡Buenas tardes!

O itumelele bosigo!

¡Buenos días!

Dumela!

¡Buenas noches!

Robala Sentle!

adiós

tsamaya sentle

dirección

tsela

equipaje

dithoto

bolso

kgetsi

mochila

kgetsi

invitado

moeng

habitación

phaposi

bolsa de dormir

kgetsana ya go robalela

carpa

mogope

información turística

shedimosetso ya mojanala

playa

lewatle

tarjeta de crédito

karata ya go tsaya sekoloto

desayuno

sefitlholo

almuerzo

dijo tsa motshegare

cena

dijo tsa maitsiboa

pasaje

tekete

ascensor

lifiti

sello

setempe

frontera

bodara

aduana

dingwao

embajada

embassy

visa

visa

pasaporte

lokwalo itshupo

transporte
sepalangwa

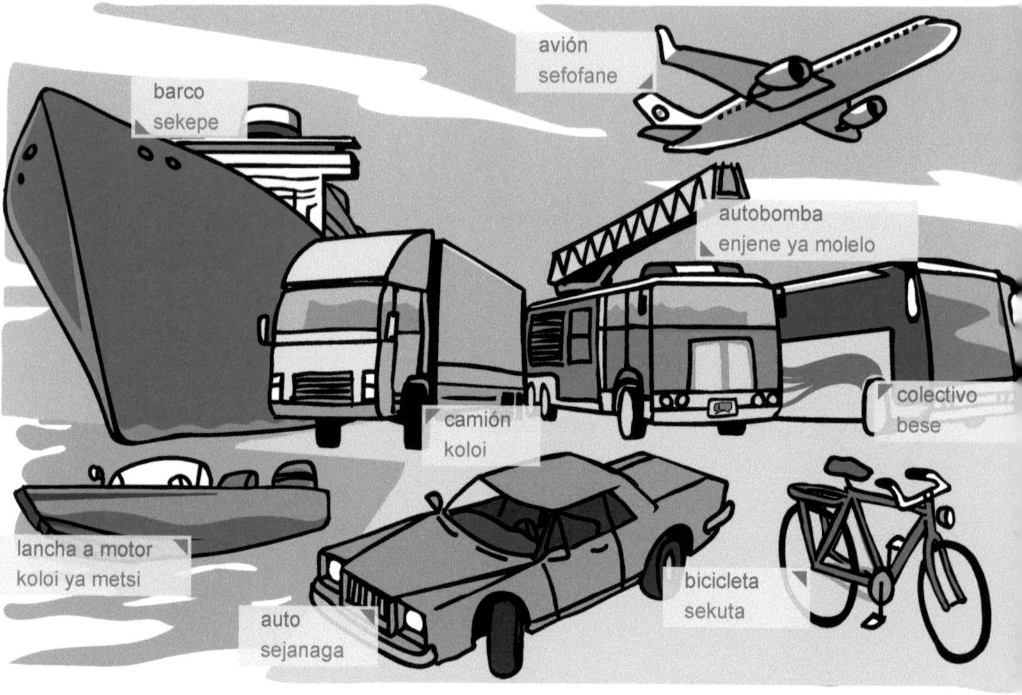
avión
sefofane
barco
sekepe
autobomba
enjene ya molelo
colectivo
bese
camión
koloi
lancha a motor
koloi ya metsi
bicicleta
sekuta
auto
sejanaga

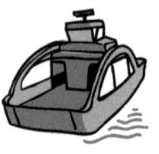

ferry

feri

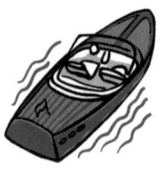

bote

sekepe

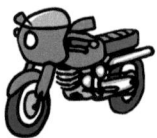

moto

sethuthuthu

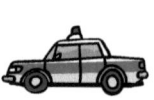

patrullero

sejanaga sa mapodisa

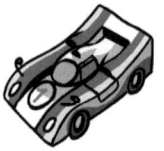

auto de carreras

sejanaga sa lobelo

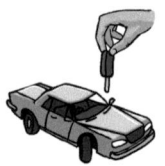

auto de alquiler

sejanaga se se hirilweng

alquiler de autos

aroganya sejanaga

grúa

koloi e e gogang dikoloi tse di robegileng

camión de basura

koloi e e tsayang matlakala

motor

koloi

nafta

lookwane

estación de servicio

seteišhene sa lookwane

señal de tránsito

letshwao la pharakano

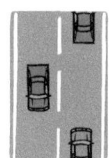

tránsito

pharakano

embotellamiento

pharakano

estacionamiento

lefelo la go emisa koloi

estación de tren

seteišhene sa terena

vías

mela

tren

terena

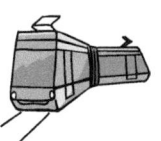

tranvía

tereme

vagón

kolotsana

helicóptero
sefofane

aeropuerto
boemeladifofane

torre
tora

pasajero
mopalami

contenedor
sekhafothini

caja de cartón
bokoso

carretilla
karaki

canasta
basekete

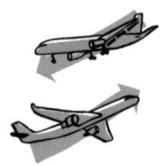

despegar / aterrizar
go tsamaya / go fitlha

ciudad
toropo

pueblo
motse

centro de ciudad
legare la teropo

casa
ntlo

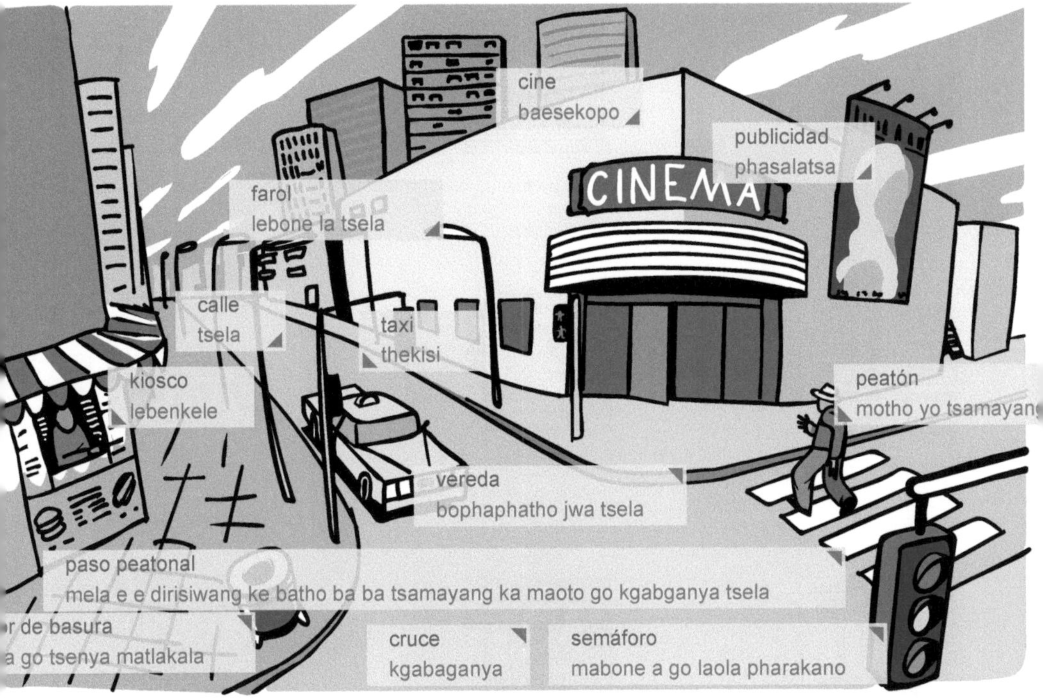
cine
baesekopo
CINEMA
publicidad
phasalatsa
farol
lebone la tsela
calle
tsela
taxi
thekisi
kiosco
lebenkele
peatón
motho yo tsamayan
vereda
bophaphatho jwa tsela
paso peatonal
mela e e dirisiwang ke batho ba ba tsamayang ka maoto go kgabganya tsela
r de basura
a go tsenya matlakala
cruce
kgabaganya
semáforo
mabone a go laola pharakano

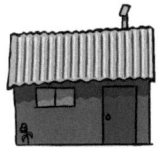

cabaña

ntlo e e ruletseng ka bojang

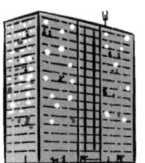

departamento

sephara

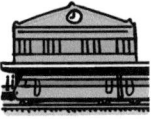

estación de tren

seteišhene sa terena

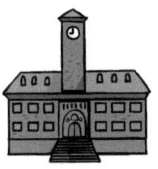

municipalidad

ntlolehalahala la toropo

MUSEUM

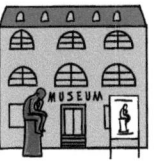

museo

museamo

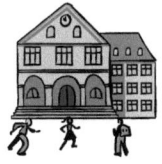

colegio

sekolo

universidad
unibesithi

banco
banka

hospital
sepetlele

hotel
hotele

farmacia
lefelo la melemo

oficina
kantoro

librería
lebenkele la dibuka

negocio
lebenkele

florería
batho ba ba rekisang malomo

supermercado
lebenkele

mercado
maraka

grandes tiendas
lebenkele la diaparo

pescadería
fishmongers

centro comercial
moago wa mabenkele a a mantsi

puerto
boema dikepe

parque
serapa

banco
banka

puente
borogo

escaleras
ditepisi

subte
kwa tlase ga lefatshe

túnel
kgogometso

parada del colectivo
boemela bese

bar
bara

restaurante
lefelo la go jela

buzón
lebokose la pose

letrero
letshwao la tsela

parquímetro
mitara wa go emisa koloi

zoológico
lefelo la go bonela
diphologolo

pileta
letlodi la go thuma

mezquita
tempele ya mamoselema

granja
polase

contaminación
kgotlelelo

cementerio
mabitla

iglesia
kereke

juegos infantiles
lefelo la go tshamekela

templo
temple

paisaje
boago jwa lefelo

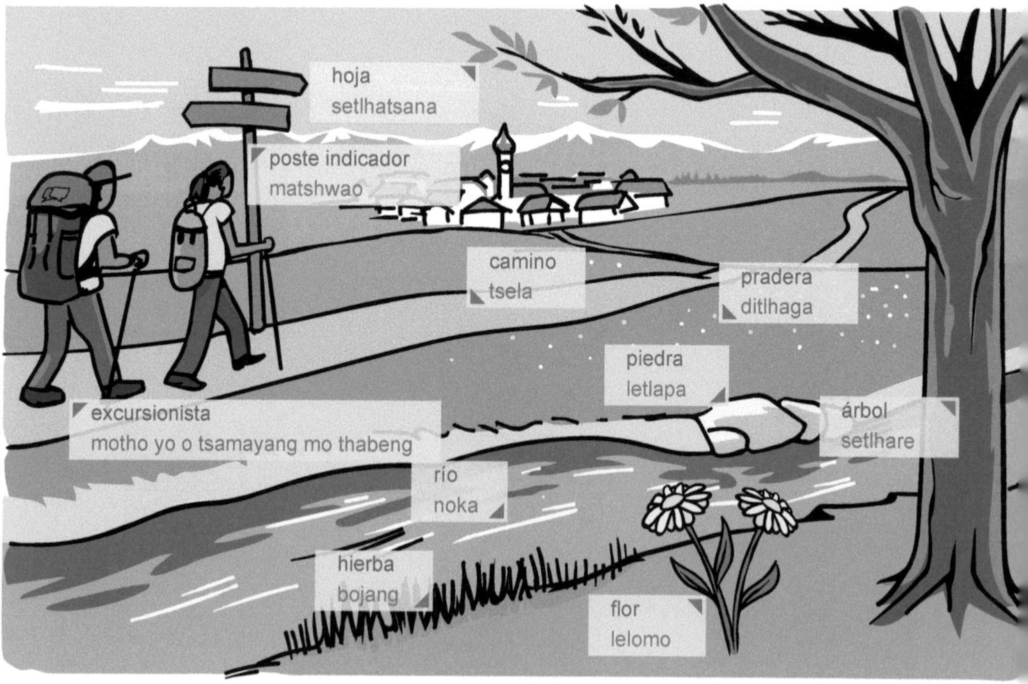

hoja
setlhatsana

poste indicador
matshwao

camino
tsela

pradera
ditlhaga

piedra
letlapa

árbol
setlhare

excursionista
motho yo o tsamayang mo thabeng

río
noka

hierba
bojang

flor
lelomo

valle

mokgatšha

montaña

thatshana

lago

lekadiba

bosque

sekgwa

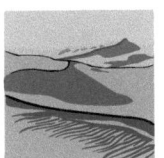

desierto

sekaka

volcán

lekgwamolelo

castillo

khasele

arco iris

motshe wa badimo

champiñón

leboa

palmera

mokolana

mosquito

montsane

mosca

tshenekegi

hormiga

tshoswane

abeja

notshi

araña

segokgo

escarabajo

khukhwana

rana

segwagwa

ardilla

mosha

erizo

noko

liebre

mmutla

lechuza

morubisi

pájaro

nonyane

cisne

pidipidi

jabalí

dikolobe tsa naga

ciervo

kgokong

alce

moose

presa

letamo

aerogenerador

sefetlhaphefo

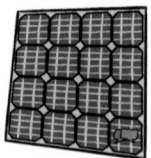

panel solar

motlakase o o dirilweng ka
letsatsi

clima

loapi

restaurante
lefelo la go jela

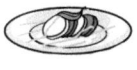

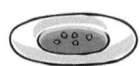

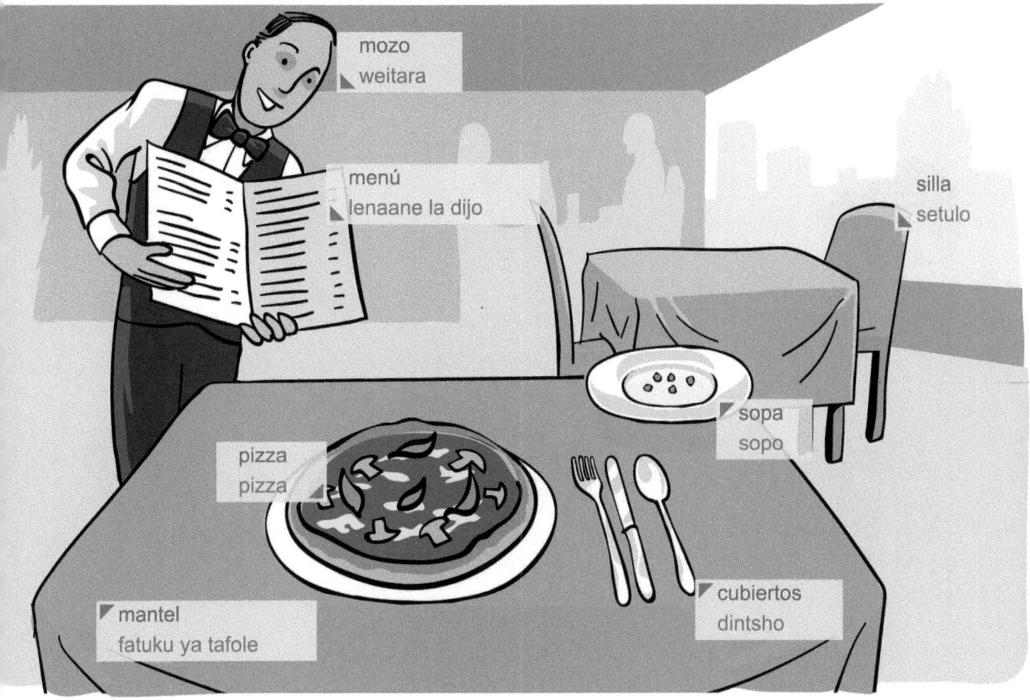
mozo
weitara
menú
lenaane la dijo
silla
setulo
sopa
sopo
pizza
pizza
cubiertos
dintsho
mantel
fatuku ya tafole

entrada

sejo sa ntlha

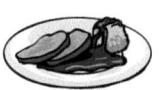

plato principal

sejo sa bobedi

postre

dijo tse di naleng sukiri

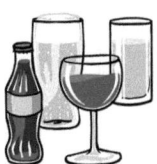

bebidas

dino

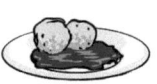

comida

dijo

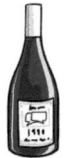

botella

botlolo

comida rápida

dijo tsa mo strateng

comida callejera

dijo tsa seterata

tetera

ketlele ya tee

azucarera

sejana sa go tsenya sukiri

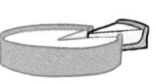

porción

karolo

cafetera expreso

motšhini wa espresso

sillita alta

setulo se se kwa godimo

cuenta

tshupamolato

bandeja

terei

cuchillo

thipa

tenedor

forotlho

cuchara

liso

cucharita

leswana

servilleta

lesela la go iphimola

vaso

galase

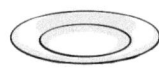

plato
poleiti

plato hondo
poleiti ya sopo

plato
sosara

salsa
sopo

salero
sejana sa letswai

molinillo de pimienta
sesila pepere

vinagre
aseini

aceite
oli

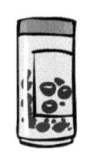

especias
ditswaiso

kétchup
tamati souso

mostaza
masetete

mayonesa
mayonaese

supermercado

lebenkele

oferta especial
sesolo se se kgethegileng
FOR
cliente
moreki
lácteos
dilwana tsa mašwi
fruta
leungo
changuito
teroli

BUTCHERS

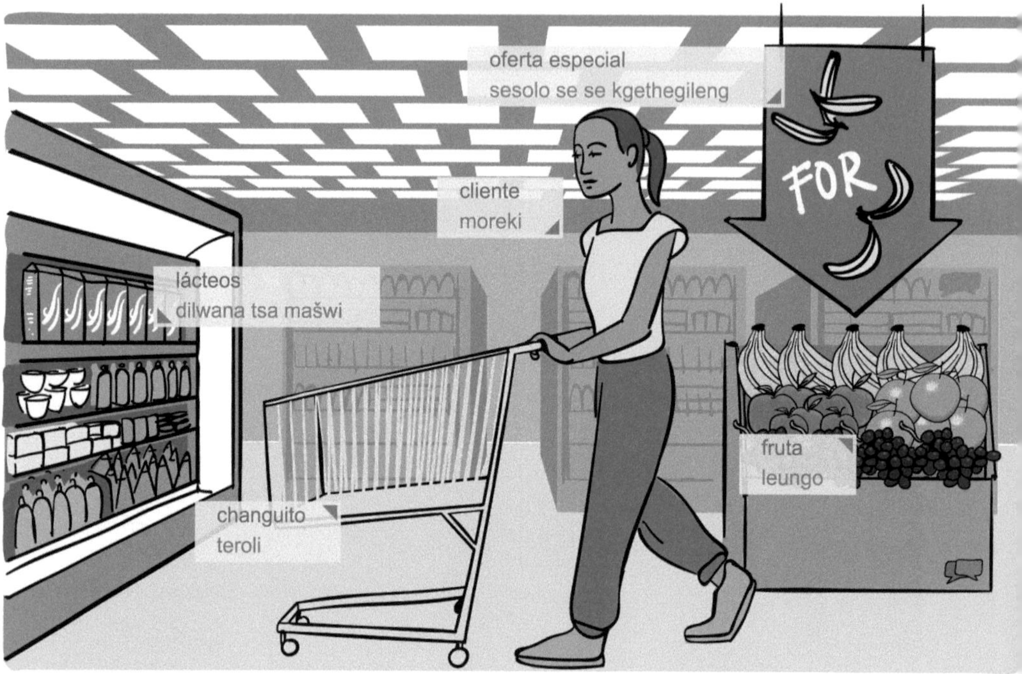

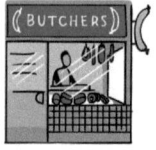

carnicería

batho ba ba segang nama

BAKERY

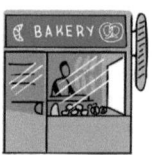

panadería

babaki

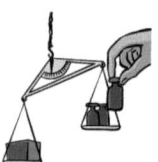

pesar

boima

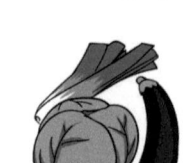

verduras

merogo

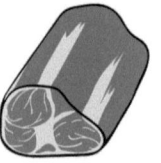

carne

nama

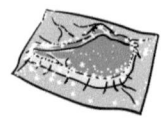

alimentos congelados

dijo tse di aesitsweng

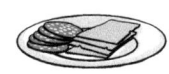

fiambres

nama e e sa tlhokeng go apewa

alimentos enlatados

dijo tsa thini

detergente en polvo

molora o o tlhatswang

golosinas

dimonamone

electrodomésticos

dilwana tsa ntlo

productos de limpieza

dilwana tsa go phepafatsa

vendedora

morekisi

caja

motšhini wa madi

cajero

morekisi

lista de compras

lennane la go reka

horario de atención

diura tsa go bula

billetera

sepatšhe

tarjeta de crédito

karata ya go tsaya sekoloto

cartera

kgetsi

bolsa de plástico

kgetsi ya polasetiki

agua

metsi

jugo

jusi

leche

mašwi

bebida cola

khouku

vino

beine

cerveza

biri

alcohol

bojalwa

cacao

khoukhou

té

tee

café

kofi

café expreso

esepereso

cappuccino

cappuccino

banana

panana

manzana

apole

naranja

namune

melón

legapu

limón

surunamune

zanahoria

segwete

ajo

konofole

bambú

lotlhaka lwa bampuse

cebolla

eie

champiñón

mabowa

nueces

manoko

fideos

di-noodles

tallarines

sepagethi

arroz

raese

ensalada

salate

papas fritas

ditšhipisi

papas fritas

ditapole tse di gadikilweng

pizza

pizza

hamburguesa

hamburger

sándwich

borotho jo bo tlapisitsweng

churrasco

nama e e gadikilweng

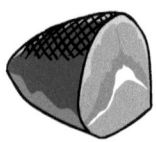

jamón

nama ya kolobe

salame

salami

salchicha

boroso

pollo

koko

asado

gadika

pescado

tlhapi

copos de avena

bogobe jwa outse

muesli

muesli

copos de maíz

cornflakes

harina

bupi

medialuna

croissante

pancito

banse

pan

borotho

tostada

borotho jo bo besitsweng

galletitas

bisikiti

manteca

botoro

cuajada

tšhisi

torta

kuku

huevo

lee

huevo frito

lee le le gadikilweng

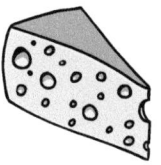

queso

kase

helado

aesekirimi

azúcar

sukiri

miel

mamepe a dinotshe

mermelada

jeme

pasta de chocolate

chokolete e e tshasiwang

curry

khari

comida - dijo

granja
polase

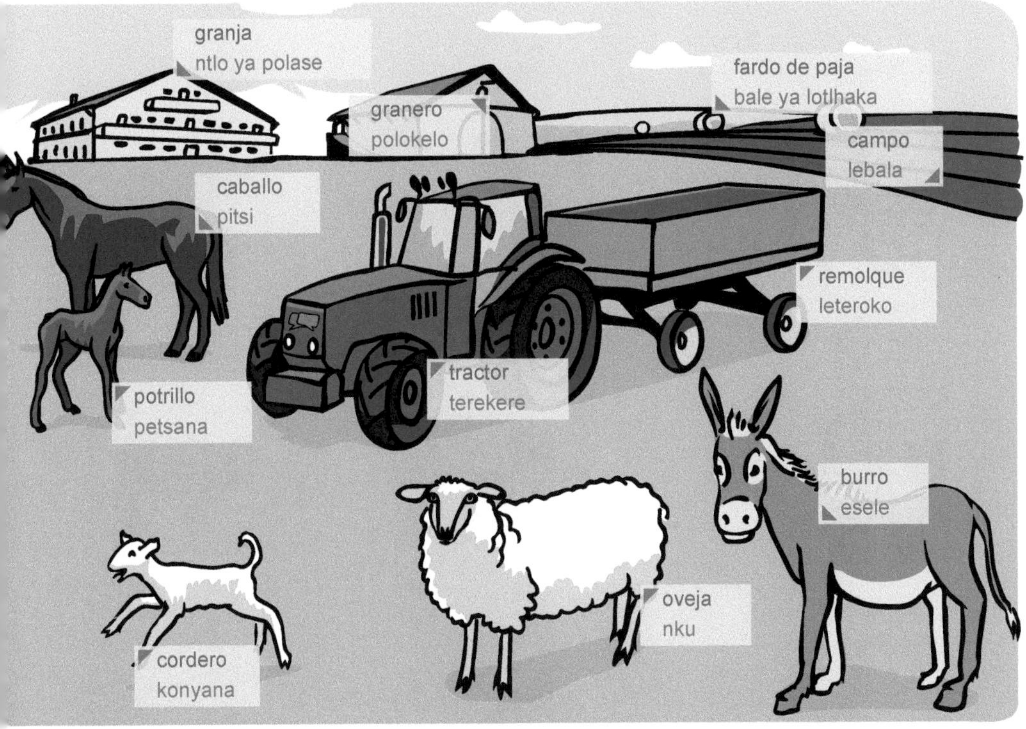
granja
ntlo ya polase
granero
polokelo
fardo de paja
bale ya lotlhaka
campo
lebala
caballo
pitsi
remolque
leteroko
tractor
terekere
potrillo
petsana
burro
esele
oveja
nku
cordero
konyana

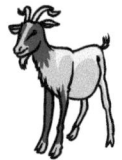

cabra
pudi

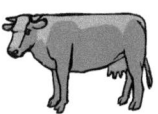

vaca
kgomo

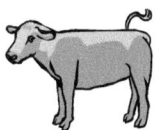

ternero
namane

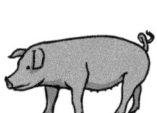

cerdo
kolobe

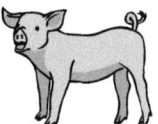

lechón
kolojane

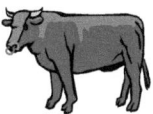

toro
poo

ganso

ganse

pato

pidipidi

pollo

kokwanyana

gallina

mokoko

gallo

mokoko

rata

peba

gato

katse

ratón

peba

buey

kgomo

perro

ntša

cucha

ntlo ya ntša

manguera

lethompo la tshingwana

regadera

tanka ya go nosetsa

guadaña

disekele tsa tshipi

arado

lema

hoz

disekele

azada

setlhagola

horquilla

foroko ya go peta

hacha

selepe

carretilla

kiribae

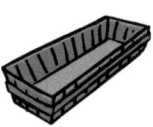

abrevadero

bonwelo

lechera

mašwi a a moteng ga moteme

bolsa

kgetsana

reja

legora

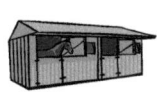

establo

tsepame

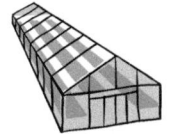

invernadero

lefelo la go godisa dijalo

suelo

mmu

semilla

peo

fertilizador

menyoro

cosechadora

thobo e e kopaneng

cosechar

thobo

cosecha

thobo

batatas

di-yam

trigo

korong

soja

soya

papa

tapole

maíz

korong

semilla de colza

disonobolomo

árbol frutal

setlhare sa maungo

mandioca

cassava

cereales

dijo tsa phakela

chimenea
sentshamosi

techo
marulelo

caño de desagüe
peipe ya deraine

ventana
letlhabaphefo

garaje
karaje

timbre
bele ya setswalo

puerta
lebati

tacho de basura
motene wa matlakala

buzón
lebokose la dikwalo

jardín
tshingwana

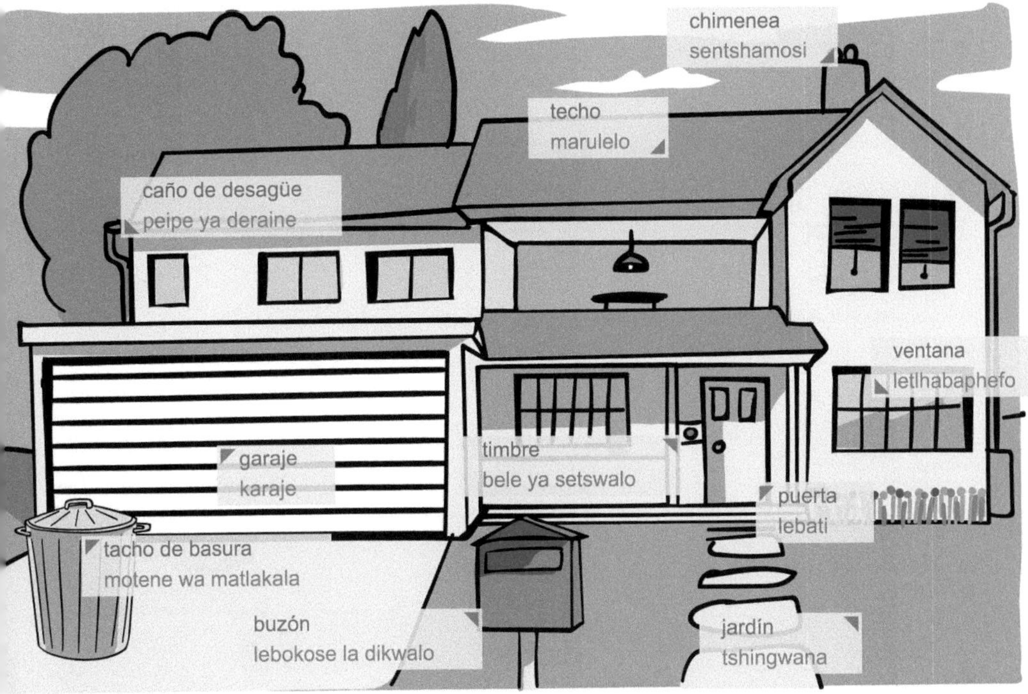

living
phaposi ya bodulo

baño
phaposi ya go tlhapela

cocina
boapeelo

dormitorio
phaposi ya borobalo

cuarto de los chicos
phaposi ya bana

comedor
phaposi ya bojelo

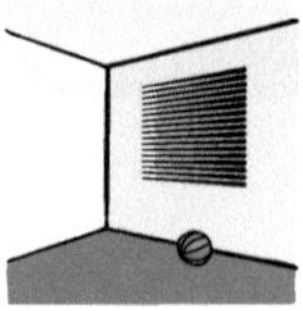

piso

mo fatshe

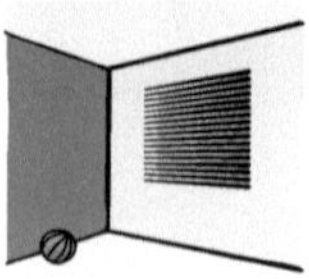

pared

lebota

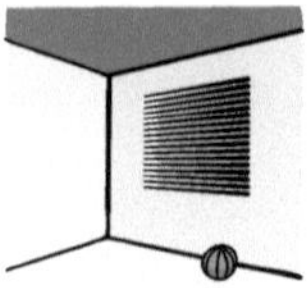

cielorraso

siling

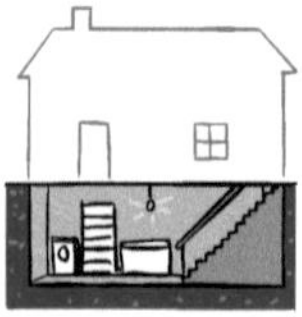

sótano

mabolokelo

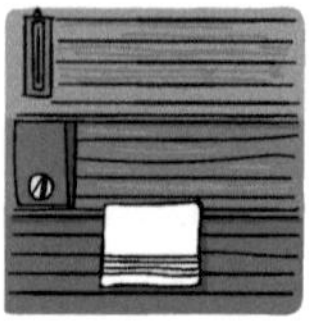

sauna

se futhumatsa mmele

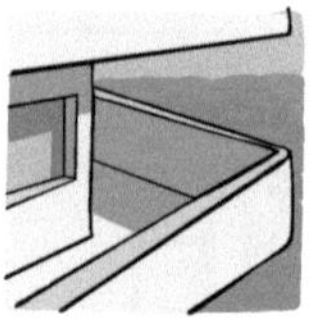

balcón

mokatako

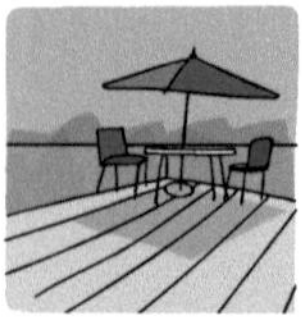

terraza

mokgekolosa

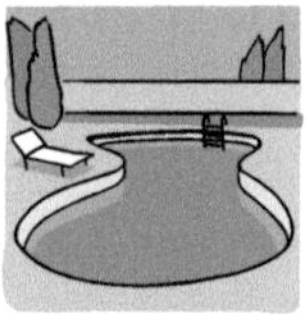

pileta

makadiba

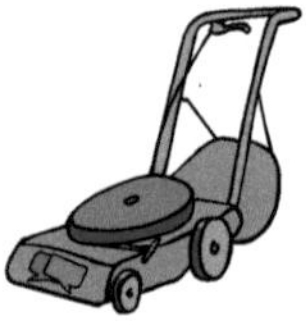

cortadora de pasto

sedirisiwa sa go sega bojang

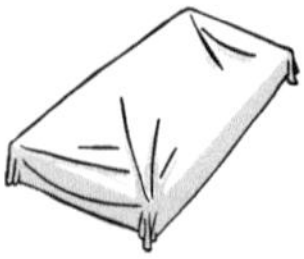

sábana

lakane

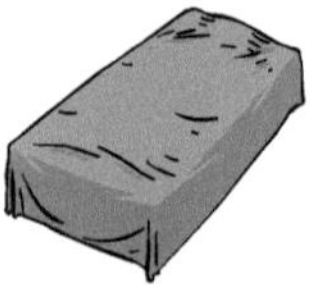

acolchado

kobo

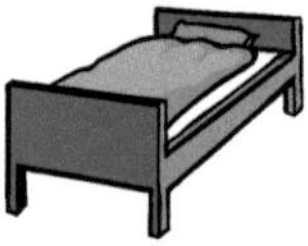

cama

bolao

escoba

lefielo

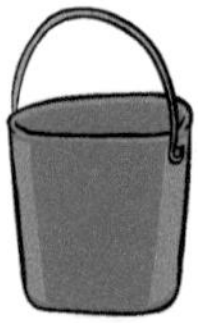

balde

kgamelo

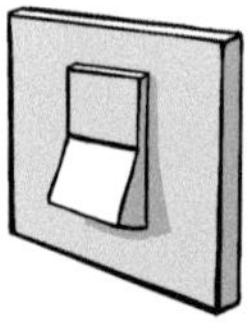

interruptor

switch

phaposi ya bodulo

empapelado
pampiri e e kgabisng lebota
imagen
setshwantsho
lámpara
lobone
estante
raka
armario
raka
televisión
thelebishene
chimenea
iso
flor
lelomo
almohadón
mosamo
sofá
soufa
florero
setsenya malomo
control remoto
selaola thelebishene o le kgakala le yone

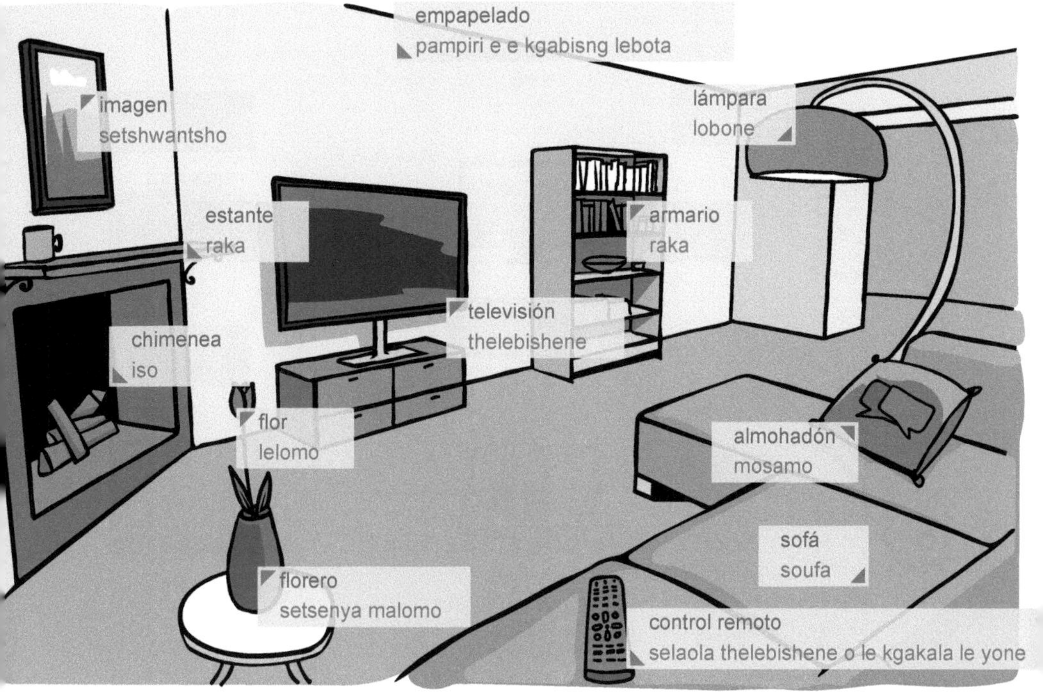

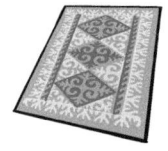

alfombra

mmetshe

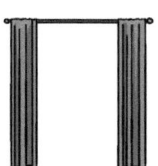

cortina

garetene

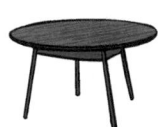

mesa

tafole

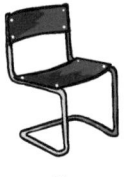

silla

setulo

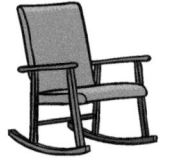

mecedora

setulo se se binang

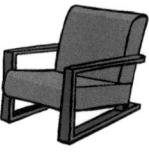

sillón

setulo se se naleng boikego

libro

buka

frazada

kobo

decoración

mokgabiso

leña

dikgong tsa molelo

película

filimi

equipo de música

hi-fi ya go letsa

llave

selotlolo

diario

lokwalodikgang

pintura

setshwantsho se se
dirilweng ka pente

póster

pampiri ya go phasalatsa

radio

seyalemowa

cuaderno

buka ya dintla

aspiradora

huvara

cactus

motoroko

vela

kerese

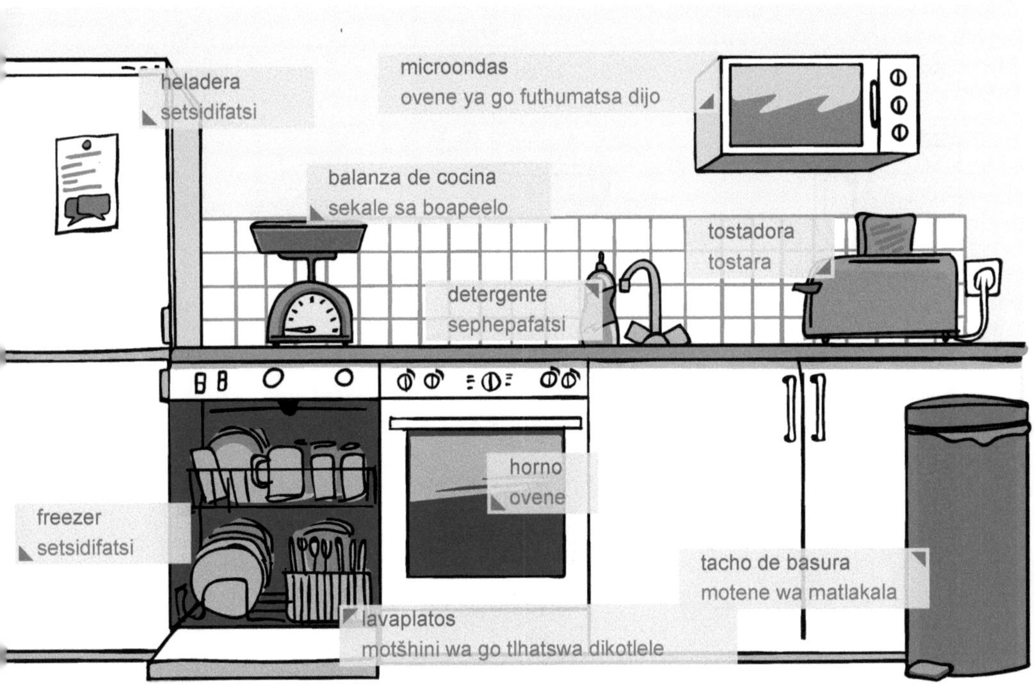

heladera
setsidifatsi

microondas
ovene ya go futhumatsa dijo

balanza de cocina
sekale sa boapeelo

tostadora
tostara

detergente
sephepafatsi

horno
ovene

freezer
setsidifatsi

tacho de basura
motene wa matlakala

lavaplatos
motšhini wa go tlhatswa dikotlele

cocina	olla	olla de hierro fundido
moapei	pitsa	pitsa ya tshipi

wok	sartén	pava
wok / kadai	pane	ketlele

vaporera

sefuthumatsi

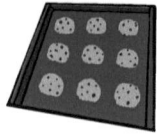

bandeja de horno

terei ya go baka

vajilla

dintsho

taza

kopi

bol

sejana

palitos

thobane ya go rema

cucharón

thoka

estpátula

sepatšhula

batidora

wiskara

colador

setereinara

colador

setlhotlhi

rallador

greitara

mortero

kika

parrilla

nama ya kgomo

fogata

molelo o o mopepeneneg

tabla de picar

boroto ya go segela

palo de amasar

rolara

sacacorchos

sebula dibotlolo tsa beine

lata

moteme

abrelatas

sebula moteme

manopla

setshwari sa pitsa

pileta

sinki

cepillo

boratšhe

esponja

sepontšhe

batidora

setlhakanya dijo / maungo

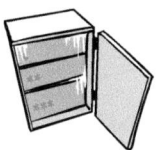

congelador

setsidifatsi

mamadera

botlole ya ngwana

canilla

tepe

baño

phaposi ya go tlhapela

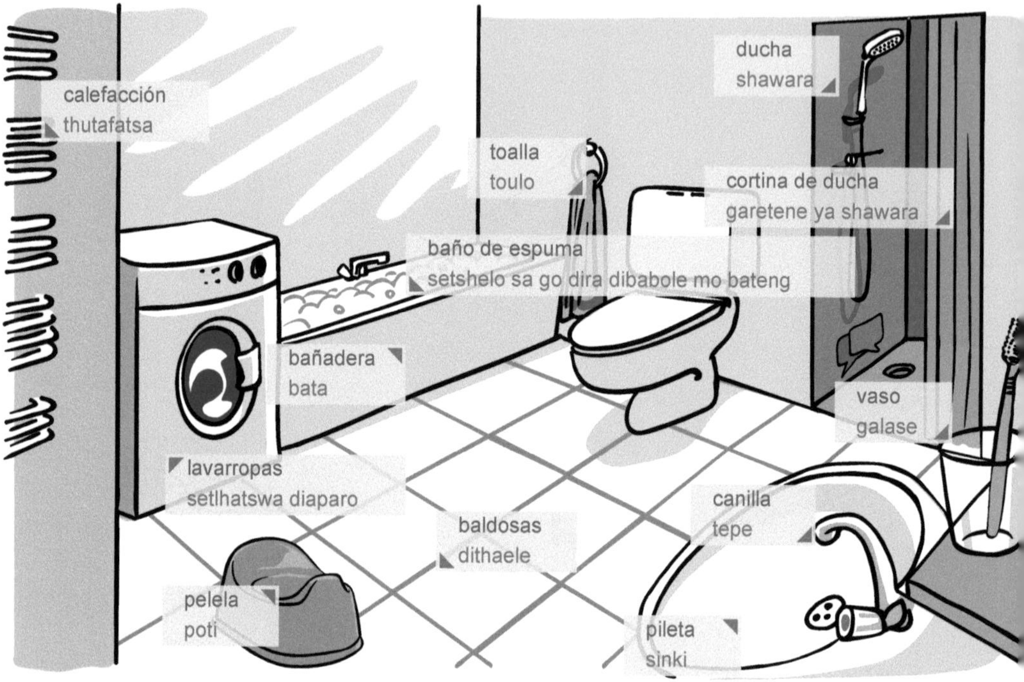

calefacción
thutafatsa
ducha
shawara
toalla
toulo
cortina de ducha
garetene ya shawara
baño de espuma
setshelo sa go dira dibabole mo bateng
bañadera
bata
vaso
galase
lavarropas
setlhatswa diaparo
canilla
tepe
baldosas
dithaele
pelela
poti
pileta
sinki

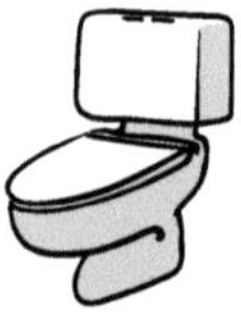

inodoro

ntlwana

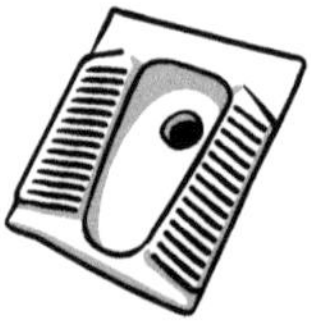

letrina

ntlwana ya go kotama

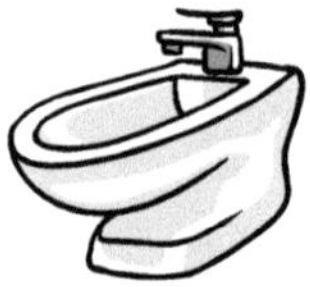

bidé

bidete

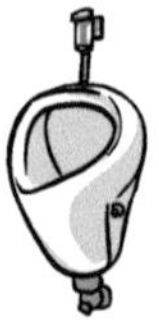

mingitorio

moroto

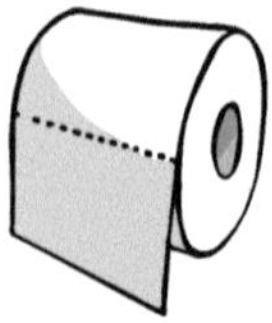

papel higiénico

pampiri ya boithomelo

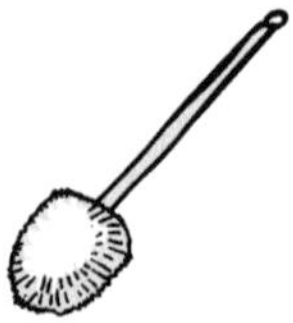

cepillo para el inodoro

boratšhe jwa ntlwana

cepillo de dientes

boratšhe jwa meno

dentífrico

sesepa sa meno

hilo dental

tlhale ya go phepafatsa meno

lavar

tlhatswa

ducha de mano

shawara ya go itshwarela

ducha higiénica

senkgisa monate

palangana

beisini

cepillo para espalda

boratšhe jwa mokwatla

jabón

sesepa

gel de ducha

jele ya shawara

shampoo

setlhapisa moriri

toallita

folanele

desagüe

mosele

crema

setlolo

desodorante

senkgamonate

espejo

seipone

espejito

seipone sa go itshwarela

maquinita de afeitar

legare

espuma de afeitar

foumu ya go ntsha moriri

aftershave

foumu ya fa o fetsa go
ntsha moriri

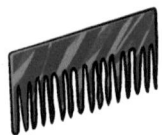

peine

kama

cepillo

boratšhe

secador de pelo

seomisa moriri

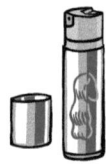

spray

seporei sa moriri

maquillaje

seitlole sa sefatlhego

lápiz de labios

setlolo sa molomo

esmalte para uñas

pente ya dinala

algodón

boboa

tijera para uñas

sekere sa dinala

perfume

leokwane le le nkgang
monate

portacosméticos

kgetsana ya go tlhatswa

banqueta

setulo

balanza

sekale sa go lekanya

bata

seaparo sa botlhapelo

guantes de goma

ditlelafo tsa rekere

tampón

tempone

toallita femenina

sedirisiwa sa basadi ba ba
mo kgweding

baño químico

ntlwana ya khemikhale

cuarto de los chicos

phaposi ya bana

despertador
tshupanako ya alamo
peluche
mpopi wa go tlamparela
coche de juguete
koloi e e tshamekang
sonajero
setšhakgatšhakga
casa de muñecas
ntlo ya dipompi
regalo
poresente

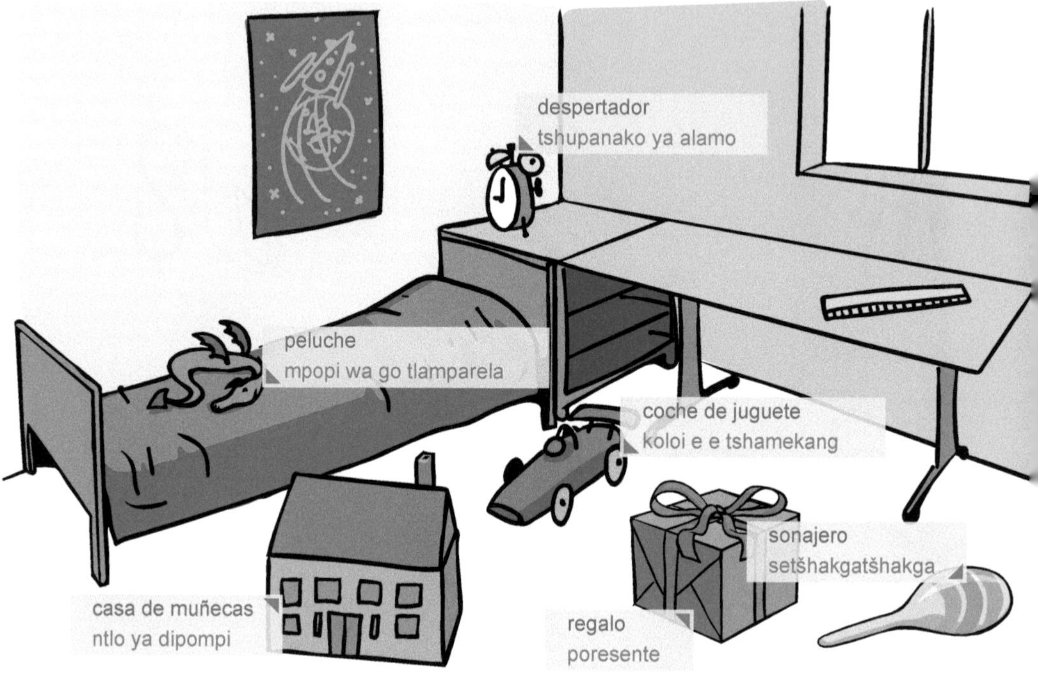

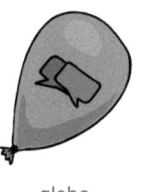

globo

baluni

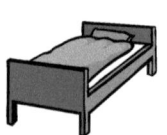

cama

bolao

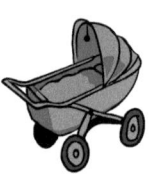

cochecito

porema

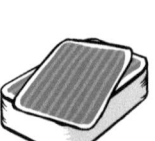

cartas

deck of cards

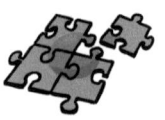

rompecabezas

saga ya motlakase

SUPER
MEGA

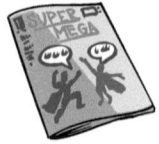

historieta

buka ya ditshegisi

piezas de lego

matlapa a go tshameka

ladrillos de juguete

diboloko tse di tshamekang

figura de acción

setshwantsho sa motho

enterito (de bebé)

seaparo sa lesea

frisbee

Frisbee

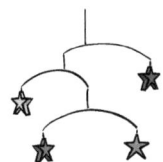

móvil para bebés

selo sa go letsa mmino mo ditsebeng

juego de mesa

motshameko wa boroto

dados

daese

tren eléctrico

terena

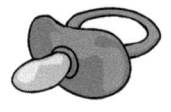

chupete

tami

fiesta

moletlo

libro de cuentos ilustrado

buka ya ditshwantsho

pelota

bolo

muñeca

mpopi

jugar

tshameka

arenero

lebala le le naleng santa

hamaca

moswinki

juguetes

ditshamekisi tsa bana

consola de videojuegos

motshameko wa dibidio

triciclo

baesekele ya maotwana a a
mararo

osito de peluche

bera e e diretsweng go
tshamekisa bana

armario

raka ya go baya diaparo

ropa

seaparo

medias

dikausu

medias panty

dikausu tsa basadi

calzas

dithaetse

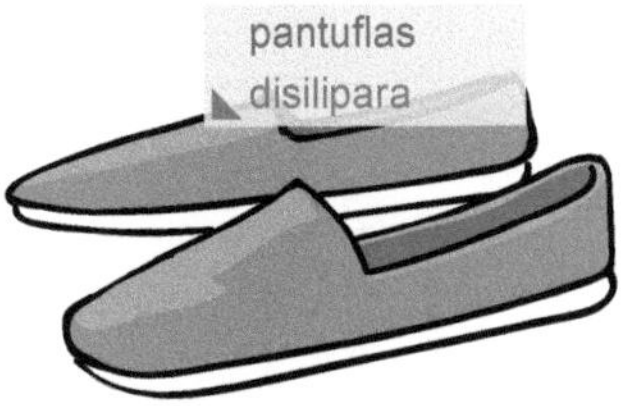

bufanda
sekhafo

paraguas
sekhukhu

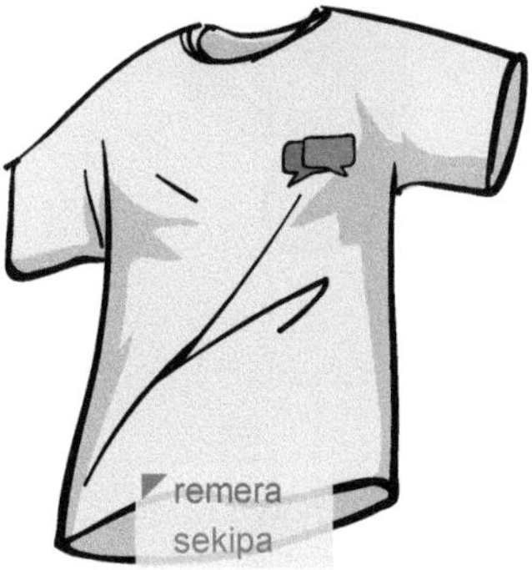

remera
sekipa

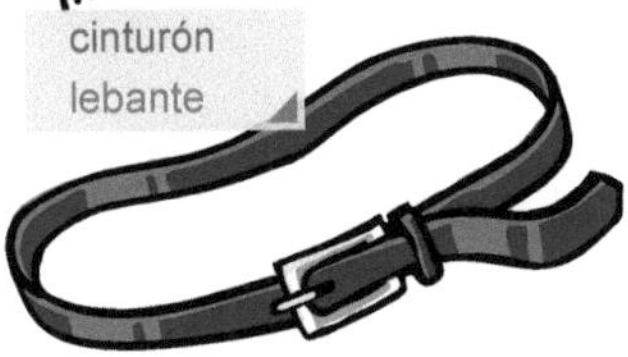

cinturón
lebante

botas
dibutshi

pantuflas
disilipara

zapatillas
diteki

sandalias
dimphatšhane

zapatos
ditlhako

botas de goma
dibutshi tsa rekere

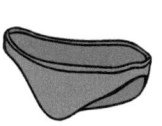
ropa interior
borukgwe jwa kwateng

corpiño
boraa

chaleco
besete

body
mmele

pantalones
borukgwe

jeans
bokate

pollera
sekete

blusa
bolaose

camisa
hempe

pulóver
jeresi e e senang matsogo

buzo
jakete e e enaleng hutshe

blazer
boleisara

campera
jakete

tapado
jase

piloto
jase ya pula

traje
khosetjhumo

vestido
mosese

vestido de novia
mosese wa lenyalo

traje

sutu

camisón

seaparo sa bosigo

pijama

diaparo tsa go robala

sari

sari

pañuelo para cabeza

sekhafa sa tlhogo

turbante

turban

burka

burqa

caftán

kaftan

abaya

abaya

traje de baño

seaparo sa go thuma

short de baño

diteranka

shorts

borukgwe jo bo khutshwane

jogging

terekesutu

delantal

seaparo sa go phephafatsa

guantes

ditlelafo

botón

talama

anteojos

diborele

pulsera

sebaga

collar

sebaga sa mo thamong

anillo

palamonwana

aro

lengena

gorra

kepisi

percha

sepega baki

sombrero

hutshe

corbata

tae

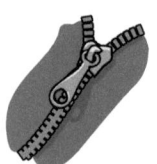

cierre

zepe

casco

hutshe ya sethuthuthu

tiradores

ditrata tsa meno

uniforme escolar

diaparo tsa sekolo

uniforme

diaparo tsa mmereko /
diaparo tsa sekolo

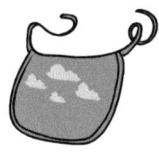

babero

bebe

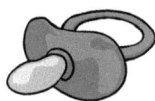

chupete

tami

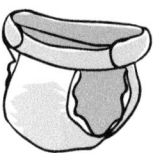

pañal

mongato

oficina
kantoro

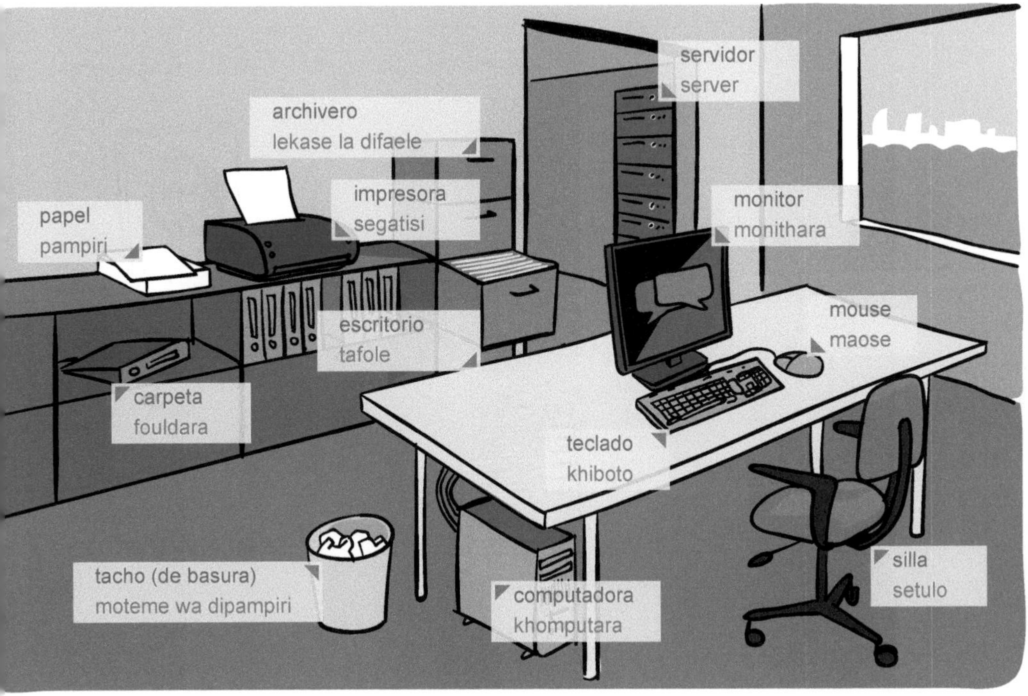
servidor
server
archivero
lekase la difaele
impresora
segatisi
papel
pampiri
monitor
monithara
mouse
maose
escritorio
tafole
carpeta
fouldara
teclado
khiboto
tacho (de basura)
moteme wa dipampiri
computadora
khomputara
silla
setulo

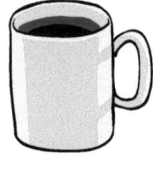

taza de café

kopi

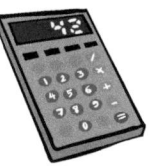

calculadora

khalkhuleitara

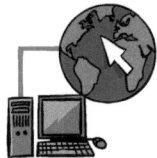

internet

inthanete

laptop

lapothopo

carta

lekwalo

mensaje

molaetsa

celular

mogala wa letheka

red

kgolagano ya megala

fotocopiadora

segatisa dipampiri

software

software

teléfono

mogala

tomacorriente

sokete ya polaka

fax

motšhini wa fekese

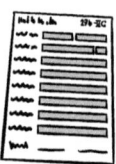

formulario

foromo

documento

setlankana

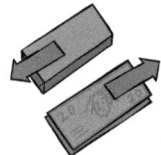

comprar
reka

pagar
patela

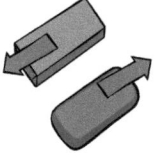

hacer negocios
rekisa

dinero
madi / tšhelete

dólar
dolara

euro
euro

yen
yen

rublo
roubele

franco suizo
swiss franc

yuan
renminbi yuan

rupia
rupee

cajero automático
lefelo la madi

casa de cambio

kantoro ya go fetola madi

oro

gauta

plata

selefera

petróleo

oli

energía

maatla

precio

tlhwatlhwa

contrato

konteraka

impuesto

lekgetho

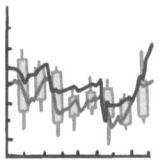

acción

setoko

trabajar

dira

empleado

mothapiwa

empleador

mothapi

fábrica

bodirelo

negocio

lebenkele

economía - ikonomi

ocupaciones
maemo

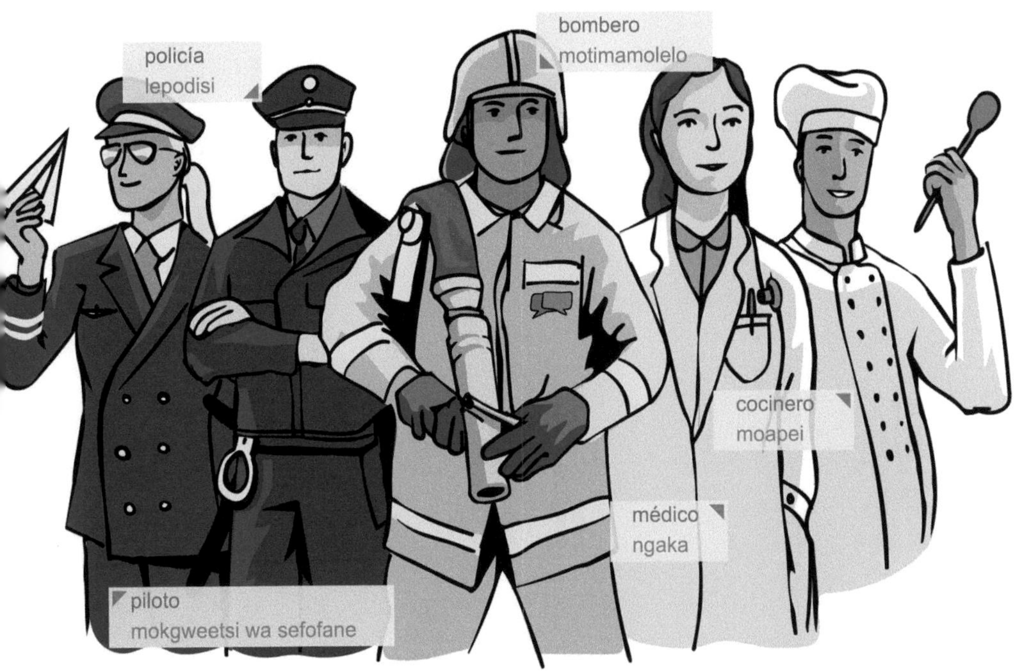
policía
lepodisi
bombero
motimamolelo
cocinero
moapei
médico
ngaka
piloto
mokgweetsi wa sefofane

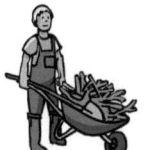

jardinero

ratshingwana

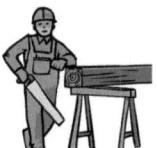

carpintero

mmetli wa dikgong

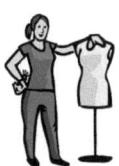

modista

moroki

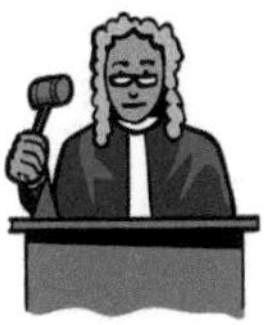

juez

moatlhodi

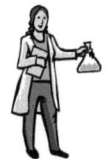

farmacéutico

moitse wa melemo

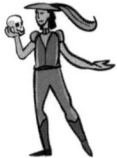

actor

modiragatsi

colectivero

mokgweetsi wa bese

taxista

mokgweetsi wa tekisi

pescador

motshwari wa ditlhapi

mucama

Mme yo o phepafatsang

techista

moruledi

mozo

weitara

cazador

motsumi

pintor

motaki

panadero

mmesi wa senkgwe

electricista

ramotlakase

albañil

moagi

ingeniero

moenjenere

carnicero

mosegi wa nama

plomero

motsenyi wa diphaepe tsa metsi

cartero

motsamaisa poso

soldado

leshole

arquitecto

modiri wa dipolane

cajero

morekisi

florista

morekisi wa malomo

peluquero

mokgabisamoriri

cobrador

kondactara

mecánico

mokheneke

capitán

mokapeteine

dentista

ngaka ya meno

científico

Rasaense

rabino

moruti

imán

imam

monje

moitlami

sacerdote

moruti

herramientas
didiriswa

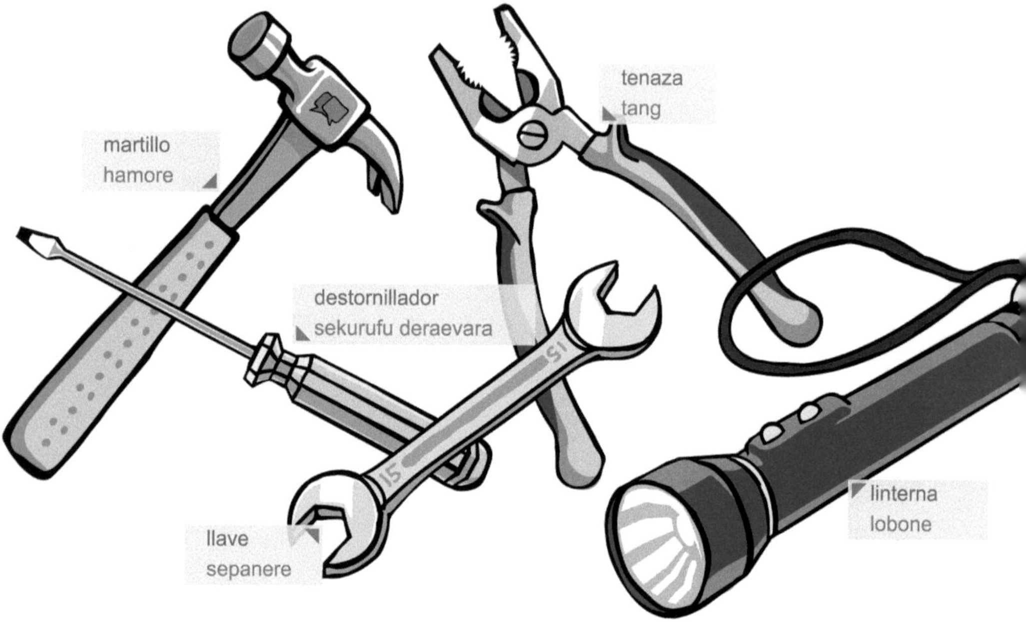

tenaza
tang
martillo
hamore
destornillador
sekurufu deraevara
linterna
lobone
llave
sepanere

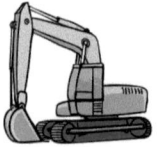

excavadora

moepi

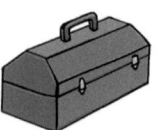

caja de herramientas

bokoso ya didirisiwa

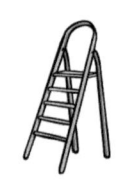

escalera portátil

lere

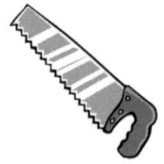

sierra

saga

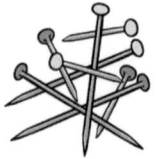

clavos

dipekere

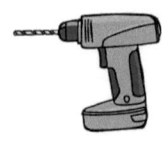

taladro

sebori

arreglar

baakanya

pala de jardín

garawe

¡Qué bronca!

ijaa!

pala de plástico

seolela matlakala

tacho de pintura

pitsa ya pente

tornillos

sekurufu

instrumentos musicales
didirisiwa tsa mmino

parlante
sepikara se se goelang ko godim

batería
meropa

contrabajo
base e e gabedi

trompeta
terompeta

guitarra
katara

piano

piano

violín

bayolini

bajo

base

timbales

timpane

tambor

meropa

teclado

khiboto

saxofón

sekesofone

flauta

phala

micrófono

sebuela godimo

zoológico

lefelo la go bonela diphologolo

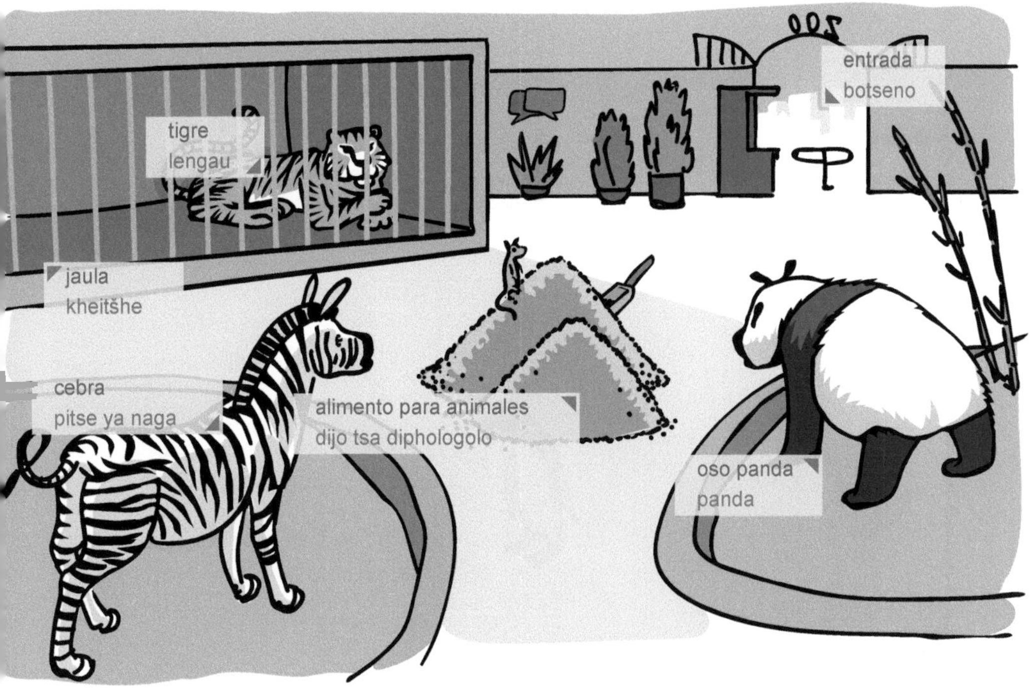

ZOO
entrada
botseno
tigre
lengau
jaula
kheitšhe
cebra
pitse ya naga
alimento para animales
dijo tsa diphologolo
oso panda
panda

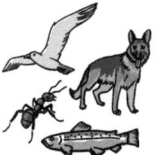

animales

diphologolo

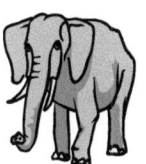

elefante

tlou

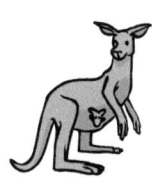

canguro

dikhankaruu

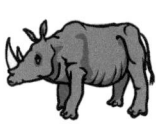

rinoceronte

tshukudu

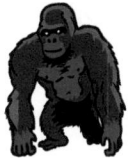

gorila

tshweni

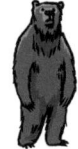

oso

bera

camello

kamela

avestruz

kalakune

león

tau

mono

tshwene

flamenco

flamingo

loro

papalagae

oso polar

bera e e dulang ko lefelong
le le tsididi thata

pingüino

nonyane tsa lewatle

tiburón

leruarua

pavo real

phikoko

serpiente

noga

cocodrilo

kwena

cuidador del zoológico

motlhokomedi wa
diphologolo

foca

sili

jaguar

katse

poni
petsana

leopardo
lengau

hipopótamo
tshukudu

jirafa
thutlwa

águila
ntsu

jabalí
dikolobe tsa naga

pescado
tlhapi

tortuga
khudu

morsa
walrus

zorro
ntja ya naga

gacela
tshephe

zoológico - lefelo la go bonela diphologolo

fútbol americano
kgwele ya dinao ya Amerika

ciclismo
motshameko wa baesekele

tenis
tenese

básquet
baseketebolo

natación
thuma

boxeo
motshameko wa go lwa ka diatla

hockey sobre hielo
hockey ya mo aeseng

fútbol
kgwele ya dinao

bádminton
badminthone

atletismo
atletiki

handball
kgwele ya diatla

esquí
skiing

polo
polo

saltar
tlola

abrazar
tlamparela

reír
tshega

caminar
tsamaya

cantar
opela

soñar
lora

rezar
rapela

besar
atla

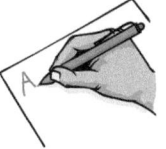

escribir

kwala

dibujar

torowa

mostrar

bontsha

presionar

kgorometsa

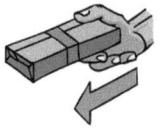

dar

naya

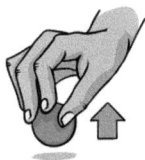

tomar

tsaya

tener

go nna

hacer

dira

ser

nna

estar parado

ema

correr

taboga

tirar

goga

tirar

latlha

caer

wa

estar acostado

maaka

esperar

ema

llevar

tsholetsa

estar sentado

dula

vestirse

apara

dormir

robala

despertar

tsoga

mirar

leba

llorar

lela

acariciar

thuma ka lemorago

peinar

kama

hablar

bua

entender

tlhaloganya

preguntar

botsa

escuchar

reetsa

beber

nwa

comer

ja

ordenar

phepafatsa

amar

lorato

cocinar

apaya

manejar

kgweetsa

volar

fofa

navegar

seila

calcular

khalkhuleitara

leer

bala

aprender

ithute

trabajar

dira

casarse

nyala

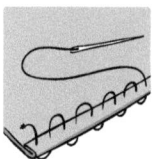

coser

roka

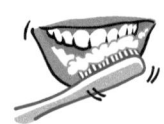

cepillarse los dientes

tlhapa meno

matar

bolaya

fumar

tsuba

enviar

romela

familia
lelapa

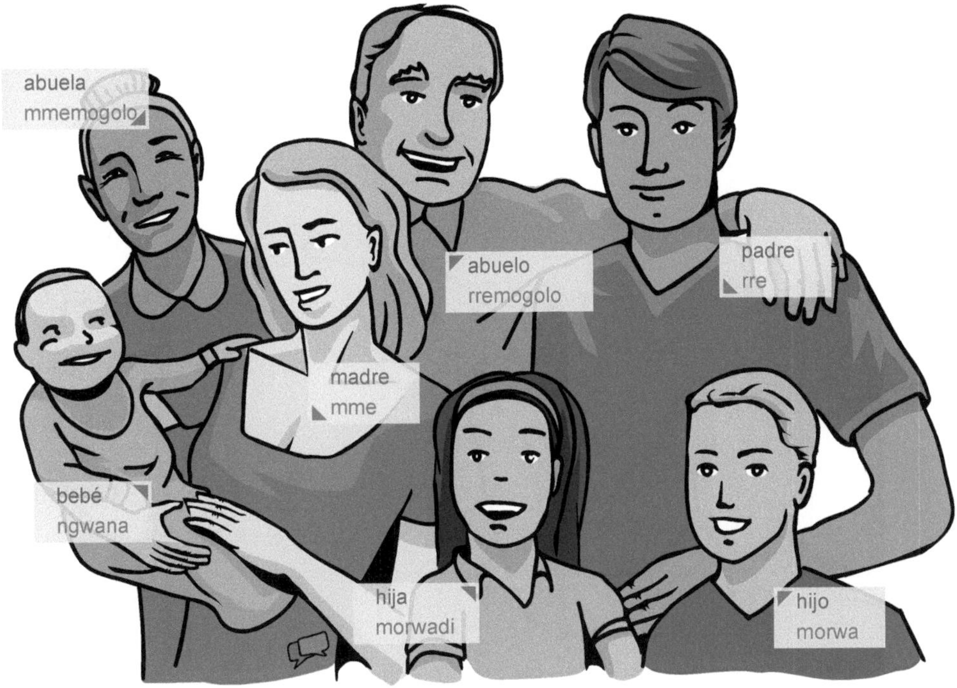
abuela
mmemogolo
abuelo
rremogolo
padre
rre
madre
mme
bebé
ngwana
hija
morwadi
hijo
morwa

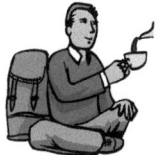

invitado

moeng

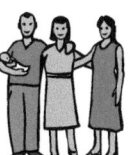

tía

mmangwane

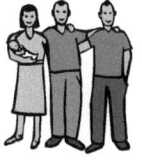

tío

malome

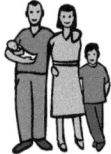

hermano

abuti

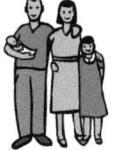

hermana

ausi

cuerpo

mmele

frente
phatlha
ojo
leitlho
hombro
legetla
dedo
monwana
cara
sefatlhego
pera
seledu
mano
seatla
pierna
leoto
pecho
letsele
brazo
letsogo

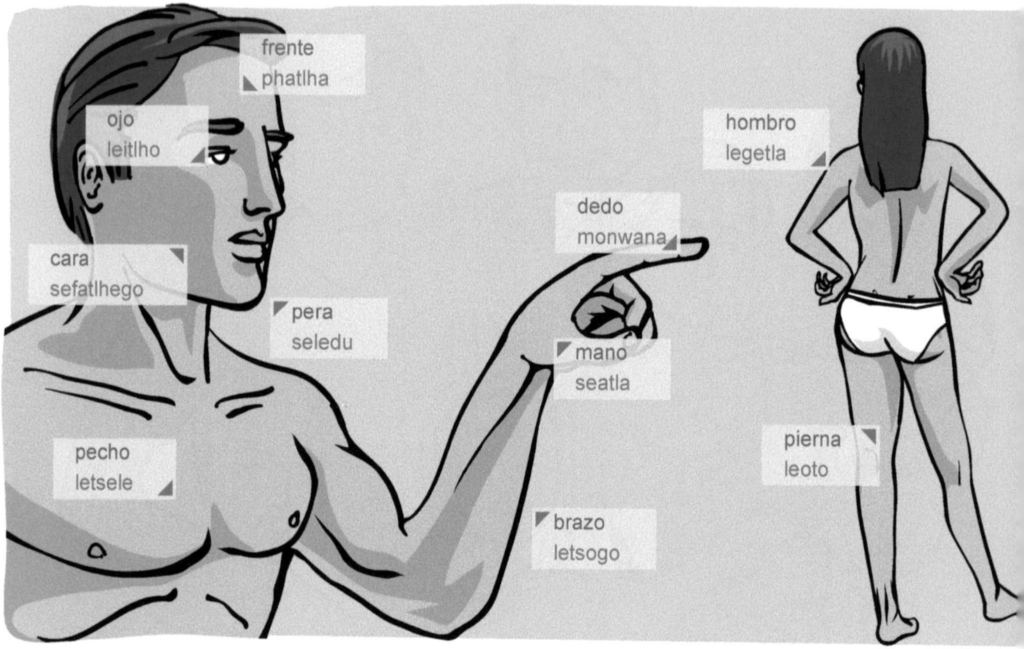

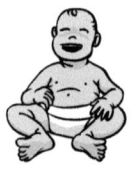

bebé

ngwana

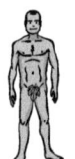

hombre

monna

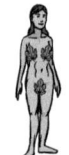

mujer

mosadi

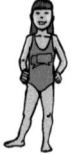

nena

mosetsana

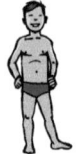

nene

mosimane

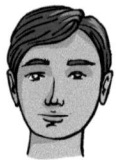

cabeza

tlhogo

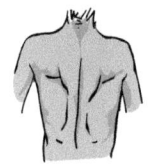

espalda
....
mokwatla

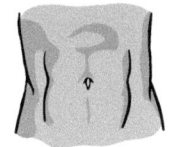

panza
....
mpa

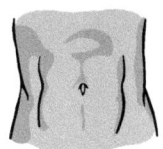

ombligo
....
khubu

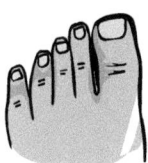

dedo del pie
....
monwana

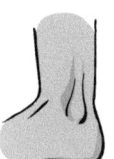

talón
....
serethe

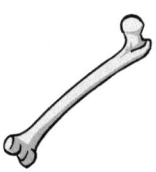

hueso
....
lerapo

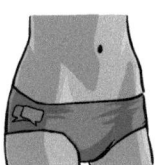

cadera
....
letheka

rodilla
....
lengole

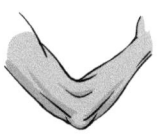

codo
....
sekgono

nariz
....
nko

cola
....
ko tlase

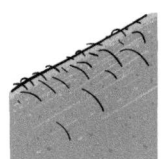

piel
....
letlalo

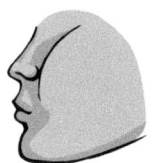

cachete
....
lerama

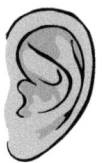

oreja
....
tsebe

labio
....
pounama

boca

molomo

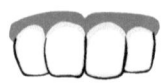

diente

leino

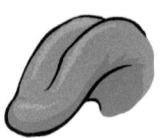

lengua

loleme

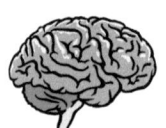

cerebro

boboko

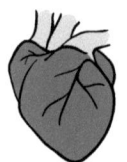

corazón

pelo

músculo

maatla

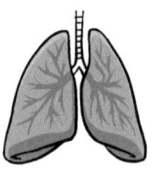

pulmón

lekgwafo

hígado

sebete

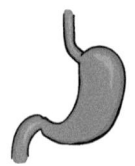

estómago

mala

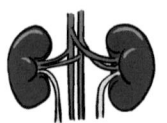

riñones

diphio

sexo

bong

preservativo

mosomelwana

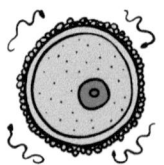

óvulo

sebelegi sa ngwana

semen

semen

embarazo

moimana

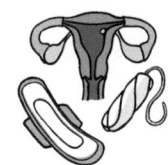

menstruación

dinako tsa go tla ka kgwedi
tsa basadi

vagina

serwe sa mosadi

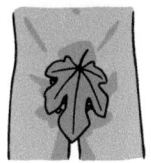

pene

serwe sa monna

ceja

dintshi

pelo

moriri

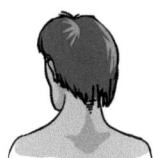

cuello

thamo

cuerpo - mmele

hospital
sepetlele

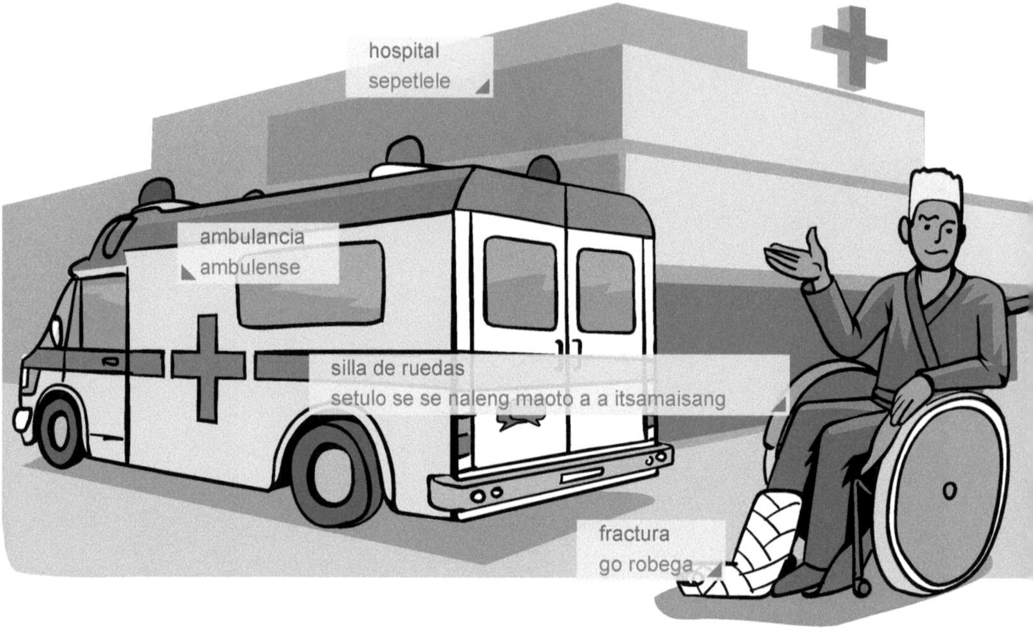

hospital
sepetlele
ambulancia
ambulense
silla de ruedas
setulo se se naleng maoto a a itsamaisang
fractura
go robega

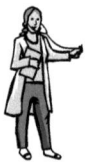

médico

ngaka

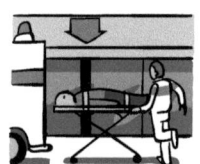

sala de guardia

phaphosi ya tshoganyetso

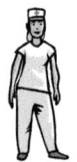

enfermera

mooki

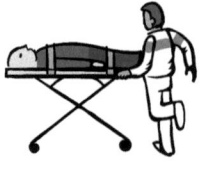

emergencia

tshoganyetso

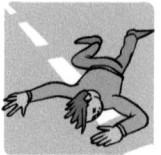

inconsciente

idibala

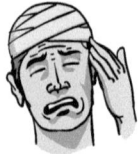

dolor

setlhabi

lesión

kgobalo

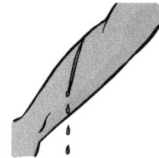

hemorragia

go dutla madi

infarto

tlhaselo ya pelo

ACV

setorouko

alergia

bolwetsi

tos

go gotlhola

fiebre

fulu

gripe

fulu

diarrea

letshololo

dolor de cabeza

opiwa ke tlhogo

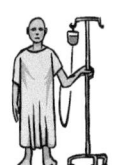

cáncer

kankere

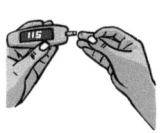

diabetes

sukiri ya mmele

cirujano

moari

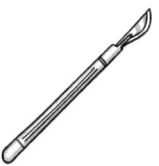

bisturí

sekalepele

operación

karo

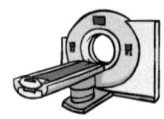

TC
CT

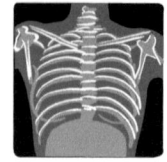

rayos x
x-ray

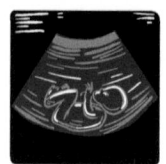

ecografía
motšhini wa go leba mo mpeng

barbijo
sesira sefatlhego

enfermedad
twatsi

sala de espera
phaposi boletelo

muleta
dithobane

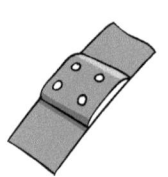

curita
polasetara

venda
sefapho

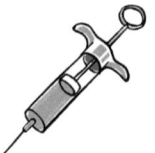

inyección
lemao

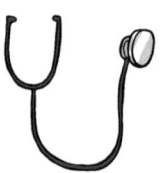

estetoscopio
setetosekoupu

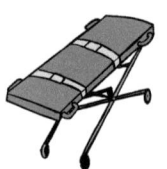

camilla
seteretšhara

termómetro
themometara ya bongaka

nacimiento
pelegi

sobrepeso
bokima jwa mmele

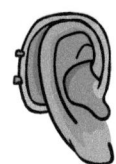

audífono
....
sedirisiwa sa go thusa go
utlwa

desinfectante
....
sesireletsa dintho

infección
....
tshwaetso

virus
....
mogare

VIH / SIDA
....
HIV / AIDS

remedio
....
melemo

vacunación
....
mokento

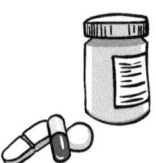

comprimidos
....
thabolete

pastilla anticonceptiva
....
pilisi

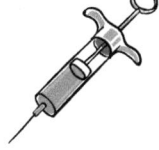

llamada de emergencia
....
mogala wa tshoganyetso

tensiómetro
....
motšhini wa go ela tlhoko
kgatelelo ya madi

enfermo / sano
....
lwala / itekanetse

¡Ayuda!

Thusa!

alarma

alamo

agresión

tshotlako

ataque

tlhasela

peligro

kotsi

salida de emergencia

kgoro ya tshoganyetso

¡Fuego!

Molelo!

matafuego

setima moleleo

accidente

kotsi

botiquín de primeros
auxilios

khiti ya go thusa ka
dikgobalo

SOS

SOS

policía

lepodisi

Europa

Yuropa

América del Norte

Bokone jwa Amerika

América del Sur

Borwa jwa Amerika

África

Aforika

Asia

Asia

Australia

Australia

Atlántico

Atlantic

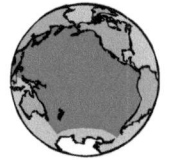

Pacífico

Pacific

Océano Índico

Lewatle la India

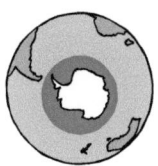

Océano Antártico

Lewatle la Antarctic

Océano Ártico

Lewatle la Arctic

polo norte

Bokone

polo sur

Borwa

Antártida

Antartica

Tierra

Lefatshe

tierra

lefatshe

mar

lewatle

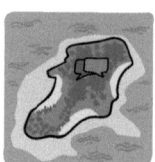

isla

losi lwa lewatle

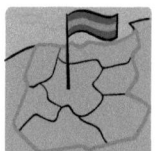

nación

lotso

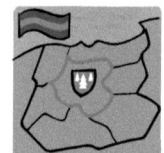

estado

boemo

esfera

lentle la tshupanako

manecilla de las horas

letsogo la ura

minutero

letsogo la metsotso

segundero

letsogo la metsotswana

¿Qué hora es?

ke nako mang?

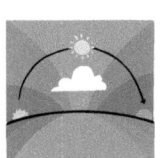

día

letsatsi

hora

nako

ahora

go ne jaanong

reloj digital

tshupanako ya dijithale

minuto

metsotso

hora

ura

semana

beke

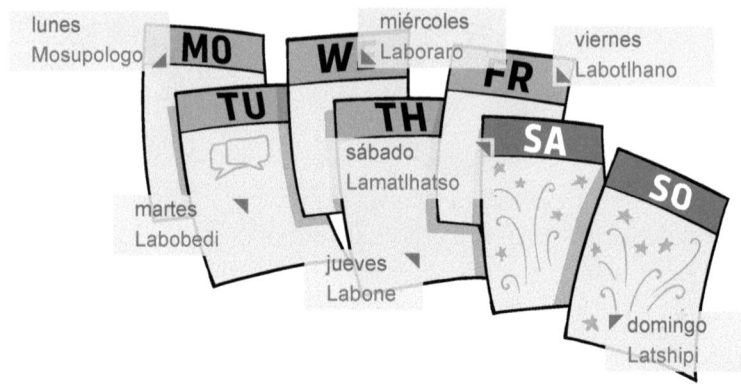

lunes
Mosupologo

martes
Labobedi

miércoles
Laboraro

jueves
Labone

viernes
Labotlhano

sábado
Lamatlhatso

domingo
Latshipi

ayer

maabane

hoy

gompieno

mañana

kamoso

mañana

moso

mediodía

thapama

tarde

maitseboa

MO	TU	WE	TH	FR	SA	SU
1	2	3	4	5	6	7
8	9	10	11	12	13	14
15	16	17	18	19	20	21
22	23	24	25	26	27	28
29	30	31	1	2	3	4

días hábiles

malatsi a tiro

MO	TU	WE	TH	FR	SA	SU
1	2	3	4	5	6	7
8	9	10	11	12	13	14
15	16	17	18	19	20	21
22	23	24	25	26	27	28
29	30	31	1	2	3	4

fin de semana

mafelo a beke

lluvia
pula

arco iris
motshe wa badimo

nieve
letlhwa

viento
phefo

primavera
dikgakologo

otoño
letlhafula

verano
selemo

invierno
mariga

4.APRIL	11°	☀
5.APRIL	4°	🌧
6.APRIL	13°	☁
7.APRIL	8°	☀
8.APRIL	10°	☀

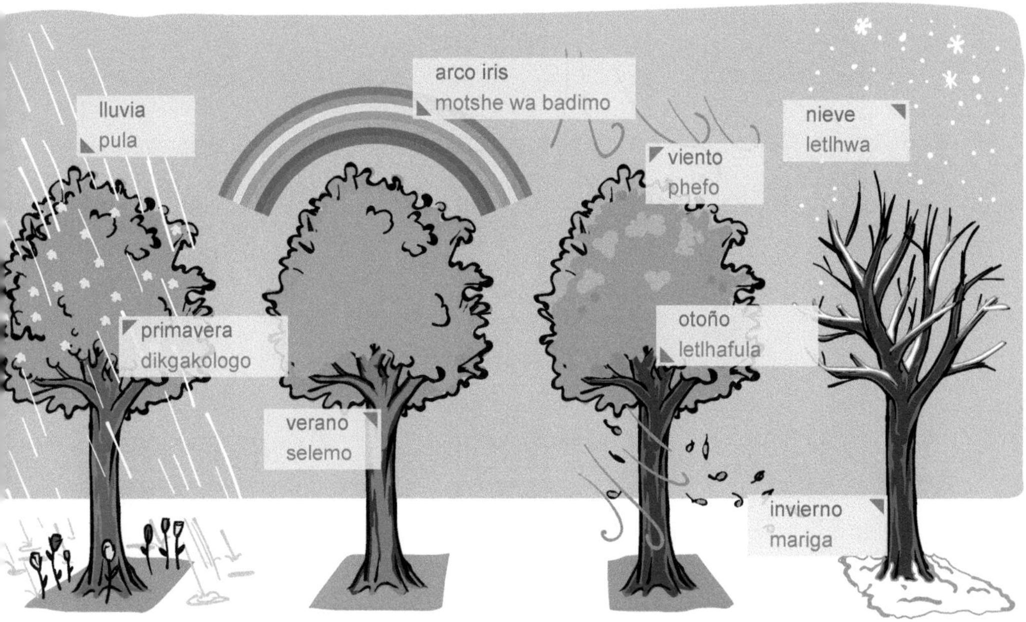

pronóstico meteorológico
···············
botsogo jwa loapi

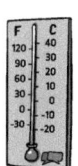

termómetro
···············
themomithara

luz del sol
···············
letsatsi

nube
···············
leru

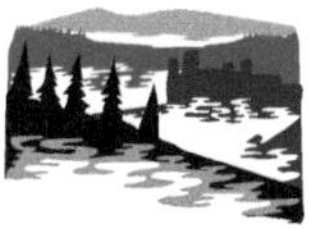

niebla
···············
mouwane

humedad
···············
humidity

rayo

legadima

trueno

modumo wa maru

tormenta

matsubutsubu

granizo

sefako

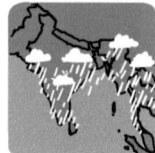

monzón

monsoon

inundación

morwalela

hielo

aese

enero

Ferikgong

febrero

Tlhakole

marzo

Mopitlwe

abril

Moranang

mayo

Motsheganong

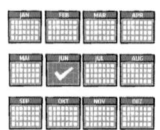

junio

Seetebosigo

julio

Phukwi

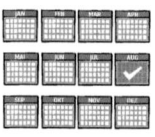

agosto

Phatwe

año - ngwaga

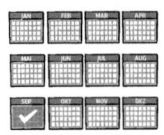

septiembre
....
Lwetse

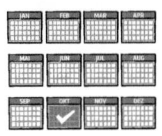

octubre
....
Diphalane

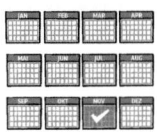

noviembre
....
Ngwanaatsele

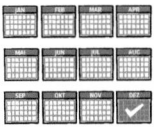

diciembre
....
Sedimonthole

formas
dipopego

círculo
....
kgolokwe

cuadrado
....
khutlonne

rectángulo
....
khutlonnetsepa

triángulo
....
khutlotharo

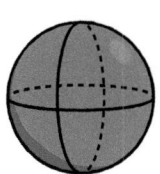

esfera
....
khutlo

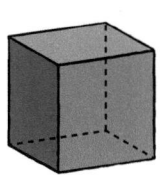

cubo
....
khiubu

blanco

tshweu

amarillo

serolwana

naranja

mmala wa namune

rosa

pinki

rojo

khibidu

violeta

bohibidu jo bo mokgona

azul

pududu

verde

tala

marrón

tshetlha

gris

tshetlha

negro

ntsho

mucho / poco

go le gontsi / go nnye

enojado / tranquilo

go kwata / go ritibala

lindo / feo

montle / maswe

principio / fin

tshimologo / bofelo

grande / chico

tonna / nnyane

claro / oscuro

lesedi / lefifi

hermano / hermana

abuti / ausi

limpio / sucio

phepa / leswe

completo / incompleto

feletse / go sa felela

día / noche

motshegare / bosigo

muerto / vivo

o sule / o a tshela

ancho / angosto

bophara / tshesane

comestible / no comestible

ya jega / ga e jege

malo / amable

bosula / molemo

entusiasmado / aburrido

go itumela thata / go se itumele

gordo / flaco

nonne / tshesane

primero / último

ntlha / bofelo

amigo / enemigo

tsala / sera

lleno / vacío

tletse / lolea

duro / blando

thata / bonolo

pesado / liviano

bokete / motlhofo

hambre / sed

tlala / lenyora

enfermo / sano

lwala / itekanetse

ilegal / legal

dumelesega / dumeletswe

inteligente / estúpido

botlhale / sematla

izquierda / derecha

molema / moja

cerca / lejos

gaufi / kgakala

nuevo / usado

sesha / ya kgale

nada / algo

sepe / sengwe

viejo / joven

mogolo / mosha

encendido / apagado

tsenya / tima

abierto / cerrado

bula / tswetswe

silencioso / ruidoso

tidimalo / modumo

rico / pobre

khumo / lehuma

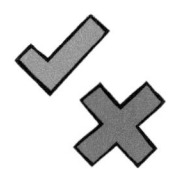

correcto / incorrecto

siame / phoso

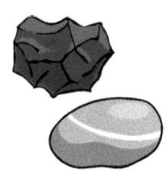

áspero / suave

ditlhotlhori / borethe

triste / contento

hutsafetse / itumetse

corto / largo

khutshwane / telele

lento / rápido

bonya / bonako

mojado / seco

metsi / omile

caliente / frío

mololo / tsididi

guerra / paz

ntwa / kagiso

dipalo

0

cero

lefela

1

uno

nngwe

2

dos

pedi

3

tres

tharo

4

cuatro

nne

5

cinco

tlhano

6

seis

thataro

7

siete

supa

8

ocho

robedi

9

nueve

robonngwe

10

diez

lesome

11

once

some nngwe

12

doce

some pedi

13

trece

some tharo

14

catorce

some nne

15

quince

some tlhano

16

dieciséis

some thataro

17

diecisiete

some supa

18

dieciocho

some robedi

19

diecinueve

some robonngwe

20

veinte

masomamabedi

100

cien

lekgolo

1.000

mil

sekete

1.000.000

millón

milione

inglés

Sejatlhapi

inglés americano

Sejatlhapi sa Amerika

chino mandarín

se-China

hindi

se-Hindi

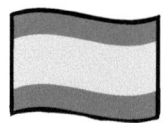

español

se-Spanish

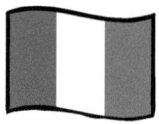

francés

se-For a

árabe

se-Araba

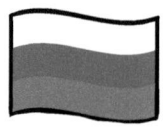

ruso

se-Russia

portugués

se-Potokisi

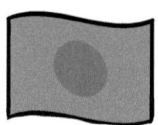

bengalí

se-Bengali

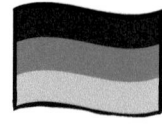

alemán

se-Jeremane

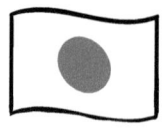

japonés

se-Japane

yo

Nna

vos

wena

él / ella

ene / ene / sone

nosotros

re

ustedes

wena

ellos

bone

¿quién?

mang?

¿qué?

eng?

¿cómo?

jang?

¿dónde?

kae?

¿cuándo?

leng?

nombre

leina

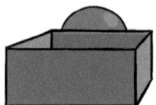

detrás

mo morago

en

mo

adelante de

fa pele ga

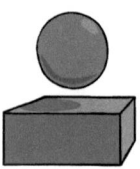

por encima de

godimo

sobre

mo

debajo de

fa tlase

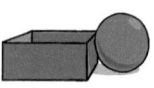

al lado de

mo thoko

entre

magareng

lugar

lefelo